독립을 위해 싸운  용감한 여성들

태극기를 든 소녀 1

황동진 글 · **박미화** 그림

독립이라고?
꿈도 꾸지 마

1910년 8월부터 1945년 8월까지,
우리나라는 35년이라는 긴 세월 동안
일본의 지배를 받아야 했어요.
일본은 우리나라 사람들이
일본과 맞서려는 꿈조차 꾸지 못하도록
총칼을 들이밀며 위협했지요.

하지만 모두의 마음속에서
눈덩이처럼 커져만 가는 독립의 꿈은
일본의 무시무시한 총칼로도 막을 수 없었답니다.
마침내 1919년 3월 1일!
누군가의 외침에서 시작된 "대한 독립 만세!"는
전국 방방곡곡으로 퍼져 나가 거대한 물결을 이루었어요.

이 책 속에는 1919년 바로 그날,
거리로 뛰어나가 독립을 부르짖은
독립운동가 여섯 분의 이야기가 실려 있어요.
나라를 되찾기 위해 자신의 목숨까지 기꺼이 바친
용감한 여성들의 이야기랍니다.

차례

첫 번째 이야기
최초의 여성 의병장 **윤희순**
"왜놈 대장 보거라!"
6

두 번째 이야기
여성 교육의 선구자 **김란사**
"꺼진 등불을 다시 켜라."
26

세 번째 이야기
여성 독립운동의 어머니 **김마리아**
"나는 대한의 독립과 결혼했다."
46

네 번째 이야기
3·1 운동의 불꽃 **유관순**
"목숨이 하나라는 게 내 유일한 슬픔이다."
68

다섯 번째 이야기
손가락을 자른 여성 독립군 **남자현**
"나는 끝까지 조선의 독립을 믿는다."
88

여섯 번째 이야기
최초의 여성 비행사 **권기옥**
"비행기를 몰고 일본으로 날아갈 테다!"
110

첫 번째 이야기

최초의 여성 의병장
윤희순
(1860~1935)

그림 속에 빨간 열매가 보이죠?
바로 넌출월귤이라는 작은 나무에 맺히는 열매예요.
넌출월귤은 '마음의 고통을 위로하는' 나무래요.
평생 단 하루도 편히 쉴 수 없었던
윤희순 할머니 곁에 심어 드리면 참 좋겠죠?
윤희순은 우리나라 최초의 여성 의병장으로 유명해요.
의병이란 義(옳을 의), 兵(병사 병),
즉 다른 나라가 쳐들어왔을 때
스스로 일어나 싸우는 군대를 말한답니다.
윤희순은 어린 아들을 등에 업은 채 의병이 되어
"왜놈 대장 보거라!" 하며
당당하게 의병가를 지어 불렀대요.

너마저 의병이 되면…

나는 열일곱 살에 결혼을 했어.
그때가 1876년이니까, 일본이 우리나라를 넘볼 무렵이네.
내가 서른을 훌쩍 넘겼을 때,
일본은 본색을 드러내며 침략을 시작했단다.
명성 황후가 시해됐다는 소식을 들은 지 얼마 안 돼서
단발령까지 발표되자 내가 사는 춘천에서도 의병이 일어났지.
어느 날 밤, 시아버지가 나에게 말씀하셨어.
"아가야, 가족들을 부탁한다."
나는 시아버지의 짧은 말씀이 무슨 뜻인지 단번에 알아차렸어.
의병 일을 하러 떠난다는 말이었지. 내 남편도 함께 말이야.
"아버님, 저도 같이 가겠습니다."
시아버지는 고개를 저으셨어.
"너까지 가면 이 집안은 누가 돌보겠느냐. 지금은 그럴 때가 아니다."
그렇게 나는 두 사람을 떠나보내고 의병의 가족이 되었단다.

강화도 조약 1876년, 조선과 일본이 맺은 조약이에요. 이를 계기로 조선은 일본과 무역을 시작했는데, 조약 내용이 조선에 크게 불리했어요.
을미사변 1895년, 일본 사람들이 경복궁에 쳐들어가 명성 황후를 죽인 사건이에요.
단발령 1895년, 성인 남자들의 상투를 자르게 한 명령이에요. 조선의 전통과 맞지 않아 많은 백성이 분노했어요.

우리도 의병 하러 나가 보세

"의병 놈들 어디 갔어! 빨리 말하지 못해!"
일본 놈들은 하루가 멀다 하고 우리 집에 들이닥쳤어.
어린 아들을 때리면서 나를 협박했지.
겁에 질려 우는 아들을 보자니 마음이 찢어질 것 같았어.
하지만 곧 마음을 다잡았단다.
"네놈들이 힘없는 우리를 아무리 괴롭혀도
나는 말하지 않을 것이니 그렇게 알거라!
내 아들이 죽고 내가 따라 죽어도 나는 결코 말하지 않을 것이다!"
내 기세에 눌렸는지, 그날은 매질을 멈추고 돌아갔어.
나는 눈물을 닦으며 굳게 결심했지.
'한 사람이라도 더 의병이 되어야 해.
나라를 구하는 데에 남녀의 구별이 있겠어?
일본이 아무리 강해도 우리가 힘을 합치면 못할 게 뭐야!'
그길로 나는 여성 의병대를 이끌었어.
군자금도 모으고, 의병가도 지어 크게 불렀지.
싸움은 모름지기 기세가 눌리면 안 되거든!

군자금 군대를 꾸리는 데 필요한 돈을 말해요.

- 왜놈 대장 보거라 -

만약에 너희 놈들이 우리 임금,
우리 안사람네를 괴롭히면
우리 조선 안사람도 의병을 할 것이다.
우리 조선 안사람이 경고한다.
남의 나라 국모를 시해하고
네놈들이 살아갈 줄 아느냐!
빨리 사과하고 돌아가라.
우리나라 사람 화가 나면
황소나 호랑이 같아서
네놈들을 잡아서 처단하고 말 것이다.

1910년, 내 나이 쉰하나, 우리는 결국 나라를 빼앗겼어

한일 합병 1910년, 일본의 강요에 못 이겨 한일 병합 조약이 맺어졌어요. 이로써 조선은 국권을 빼앗기게 되었지요.

목숨을 걸고 지키고자 했던 나라를 잃었어.
시아버지는 일본 놈들에게 짓밟히느니
차라리 자결을 하겠다며 소리치셨지.
"아버님, 그리 가시면
이 나라는 누가 지킨단 말입니까!
아직 할 일이 많이 남아 있습니다."
나와 의병들은 시아버지를 가까스로 말렸어.
그리고 곧바로 고향을 떠났단다.
일본 놈들이 우리를 모조리 죽이려 들 테니까 말이야.
나는 더 열심히 싸우기 위해 중국으로 향했어.

살아야 해, 살아남아야 한다

우리는 낯선 중국 땅에 마을을 이루었어.
만주 벌판은 사람이 살기 힘든 거친 땅이었지.
남자들이 총칼을 들고 훈련을 하는 동안
여자와 아이들, 노인들은 먹을 것을 찾아야 했어.
눈이 덮인 산에 올라 나무뿌리를 캐고,
중국 사람들을 찾아가 구걸도 했단다.

만주 중국의 동북 지역을 부르는 말로, 남쪽은 압록강과 두만강을 경계로 우리나라와 잇닿아 있어요.

다행히 중국 사람들은 우리를 많이 도와주었어.
안중근 의사가 이토 히로부미를 처단한 뒤로
조선 사람들은 용감하다는 말을 참 많이 들었지.
"우선 배부터 채웁시다! 그래야 싸울 수 있지요!"
나는 사람들을 이끌고 땅에 박힌 돌덩어리를 캐냈어.
그러고는 강물을 끌어들여 농토를 만들었지.
그렇게 우리는 서서히 힘을 키워 나갔어.

안중근 의병 출신의 독립운동가로, 만주 하얼빈에서 이토 히로부미를 사살한 뒤 붙잡혀 돌아가셨어요.

이토 히로부미 일본의 정치가로, 을사늑약을 강요하는 등 조선을 식민지로 만든 원흉이에요.

낮에는 공부하고, 밤에는 칼을 들어

내가 가장 행복했을 때가 언제냐면
'노학당'이라는 학교를 지었을 때야.
나라를 되찾으려면 우선 사람을 잘 키워야 하잖아.
하지만 행복은 찰나였어.
고된 삶에 시아버지와 남편이 세상을 떠나고,
중국 땅까지 쳐들어온 일본 놈들이
노학당을 짓밟아 문을 닫게 만든 거야.

1915년, 나는 사람들을 이끌고 다시 길을 떠나야 했어.

새로 자리 잡은 땅에서
나는 또다시 독립운동의 씨앗을 뿌렸어.
다시 학교를 세우고, 독립군 부대를 만들었지.
학생들은 낮에는 공부를 하고,
밤에는 마을 뒷산에 올라 군사 훈련을 했어.
나도 고된 몸을 이끌고 훈련에 참가했단다.
나부터 모범을 보여야 모두가 힘을 낼 테니까.

우리나라 의병들은
애국으로 뭉쳤으니
고혼이 된들 무엇이 무서우랴.
의리로 죽는 것은
대장부의 도리거늘
죽음으로 뭉쳤으니
죽음으로 충신 되자.

- 병정 노래 -

불길에 휩싸인 마을

그렇게 10년이 흘렀어. 하지만 독립은 오지 않았단다.
일본은 미친 듯이 이 나라 저 나라를 침략했어.
결국 우리의 터전, 만주 벌판까지 집어삼켰단다.
일본 놈들에게 우리 마을은 눈엣가시였어.
이곳에서 자라난 우리 아이들이 독립군이 되어
곳곳에서 일본 놈들을 괴롭혔거든.

어느 날 밤, 일본군이 들이닥쳤어.
우리 마을을 불태우고,
모든 것을 잿더미로 만들어 버렸지.

나는 처음으로 죽고 싶었단다.

아들을 품에 안고

'아니야, 이대로 포기할 수는 없어.
독립된 조선 땅을 밟기 전까지는 안 돼.'
나는 다시 힘을 냈어.
고향을 떠나는 순간부터 언제나 맨손으로 시작했으니까.

그때, 하늘이 무너지는 소식이 들려왔어.
중국과 조선을 오가며 독립운동을 하던 아들이
일본 놈들에게 붙잡혔다는 거야.
아들은 모진 고문을 받고 풀려났어.
나는 한달음에 달려갔지.

내 품에 안긴 아들은
나를 한 번 보고는 그대로 눈을 감았단다.

슬프고도 슬프다.
이내 신세 슬프도다.
이국 만리 이내 신세
슬프고도 슬프도다.

우리 조선 어디 가고 왜놈들이 득실하나.
우리 의병 어디 가고 왜놈 군대 득실하나.

이내 몸이 어이할꼬.
어디 간들 반겨 줄까.
어디 간들 반겨 줄까.

- 신세타령 -

돌이켜 보면 단 하루도
마음 편히 쉬지 못했구나.
1935년,
내 나이 일흔여섯이야.
이제 하늘 나라에 가면
하루만 쉬었다가
다시 의병가를 불러 볼까.
독립을 이루는 그날까지 말이야.

단 하나 남은 내 초상이란다.
동지들과 함께 활짝 웃는 모습이라도
한 장 찍어 둘걸…. 그래도 얘들아,
먼 중국 땅에서 대한 독립을 꿈꾸었던
우리 의병들을 꼭 기억해 주렴!

윤희순 의병장은 1910년, 일본이 우리나라를 집어삼킨 뒤 만주 벌판으로 떠나 평생을 타국에서 보내셨어요. 당시 전국 곳곳에서 일어났던 수많은 의병은 일본군에게 뿌리 뽑힐 위기에 놓이자 어쩔 수 없이 머나먼 중국 땅으로 터전을 옮겨야 했답니다. 윤희순 의병장은 의병 부대의 지도자로 사람들을 먹이고, 가르치고, 훈련시키며 독립운동가를 양성하는 데 온 힘을 다하셨지요.

험난한 세월을 겪는 동안 윤희순 의병장은 가족을 여럿 잃었어요. 끝내 맏아들이 고문을 받아 목숨을 잃자, 너무나 큰 슬픔 속에서 열흘 만에 숨을 거두셨지요. 하지만 여러분! 윤희순 의병장이 남긴 쩌렁쩌렁한 의병가를 잊지 마세요.

"우리 조선 안사람이 경고한다. 빨리 사과하고 돌아가라. 우리나라 사람 화가 나면 황소나 호랑이 같아서 네놈들을 잡아서 처단하고 말 것이다!"

01 일본 침략, 의병 운동으로 맞서다

독립운동 키워드

1800년대 말부터 일본은 우리나라를 집어삼킬 기회만 엿보고 있었어요. 사사건건 빌미를 잡아 군대를 보내며 왕실을 위협했지요. 급기야 1895년, 왕실을 습격해 명성 황후를 죽이는 만행을 저질렀어요. 이 일을 계기로 우리나라 곳곳에서 의병 부대가 조직되기 시작했답니다.

을미사변 → 1895년 (을미년)  을미 의병

일본은 우리나라 왕실이 러시아와 손을 잡자, 경복궁으로 쳐들어와 왕비를 죽였어요. 고종은 일본의 간섭 때문에 한동안 장례식도 치르지 못했답니다.

을미사변을 계기로 시작된 의병 운동이에요. 강제로 백성들의 상투를 자르는 단발령이 내려지자, 의병 운동은 더욱 거세졌답니다.

을사늑약 → 1905년 (을사년)  을사 의병

일본이 우리나라의 외교권을 빼앗은 늑약이에요. 고종 황제는 끝까지 반대했지만, 친일파 5명이 멋대로 늑약을 맺었지요.

을사늑약에 반대하며 일어난 의병 운동이에요. 을미년부터 시작된 의병 운동은 을사년을 기점으로 전국적으로 퍼져 나갔지요.

고종 퇴위 → 1907년 (정미년)  정미 의병

고종 황제는 일본의 만행을 세상에 알리기 위해 헤이그에서 열리는 만국 평화 회의에 밀사를 보냈어요. 이를 빌미로 일본은 고종을 퇴위시키고 군대까지 해산했답니다.

고종 퇴위를 계기로 의병 운동은 더욱 거세게 일어났어요. 일본이 군대를 해산하자, 신식 무기를 갖춘 군인들이 의병에 합류하면서 의병 부대는 더욱 막강해졌지요.

두 번째 이야기

여성 교육의 선구자
김란사
(1872~1919)

김란사 선생님은 여성들이 제대로 교육받지 못하던 시절,
스스로 관습을 깨고 최초의 미국 유학생이 되었어요.
그리고 자신이 깨친 새로운 학문을
우리나라 여성들에게 전하는 일에 평생을 바쳤지요.
선생님은 학생들에게 늘 이렇게 말했대요.
"꺼진 등불을 다시 켜라."
꺼진 등불과 같은 우리나라의 현실을
다시 밝히기 위해서는, 여성들이
스스로 일어나 배워야 함을 늘 강조하신 거예요.
선생님은 주황빛 꽃이 화려한 군자란을 닮았어요.
모습은 그 꽃잎처럼 강렬하고
꿈은 그 꽃말처럼 고귀하였지요.

우리나라는 저 꺼진 등불 같습니다

오늘 저녁, 나는 등불을 들고 이화 학당으로 갔어.
벌써 몇 번째 찾아갔는지 몰라.
교장 선생님은 미국인인데,
결혼한 사람은 받아 줄 수 없다는 거야.
더구나 이곳에서는 스스로 빨래도 하고 청소도 해야 하는데
나 같은 양반은 하루도 못 견딜 거라고 하셨어.

양반 조선 시대에 지배층을 이루던 신분이에요.

그 말을 듣고 나는 들고 간 등불을 껐어.
방 안이 캄캄해졌고, 아무것도 보이지 않았지.
"아니, 지금 뭐 하시는 겁니까? 등불은 왜….'
"우리나라는 저 꺼진 등불같이 어둡기만 합니다.
일본은 조만간 우리나라를 집어삼키려 들 것입니다.
하지만 지금 우리 어머니들이 무엇을 할 수 있습니까?
어머니들이 배워야 자식을 가르치지 않겠습니까."

배우고 또 배우자

교장 선생님은 결국 내 소원을 들어주셨어.
스물이 훌쩍 넘은 나이에 새로운 삶이 시작된 거야.
공부를 하면 할수록
나는 더 넓은 세상으로 나아가고 싶었어.
나라를 위해, 여성들을 위해 내가 할 일을
스스로 찾아서 해내고 싶었거든.
그리하여 나의 유학 생활이 시작되었어.
일본에서 1년 동안 공부를 했는데,
그때 나는 일본의 발전이
바로 교육에서 비롯되었음을 깨달았단다.
아울러 일본이 미국을 보고 배웠다는 것도 알았지.
나는 더 큰 나라에 가서 공부하고 싶었어.

미국으로 가는 배에서 남편에게 맹세했단다.
"하나라도 더 보고 배워서 우리 민족을 위해 일하겠어요.
내가 배운 모든 걸 다시 돌려주겠어요."
나는 기숙사 벽에 태극기를 붙이고
남들보다 몇 배는 열심히 공부했어.

통역사로, 교육자로, 여성 운동가로

미국에서 공부한 지 10년 남짓 되었을 때,
나는 모든 공부를 마치고 조선으로 돌아왔어.
1907년, 조선은 바람 앞의 등불 같았단다.
이미 일본이 조선 땅의 주인처럼 행세하고 있었거든.
나는 이화 학당의 선생님이 되어 학생들을 맡았어.
애초에 내가 공부를 하기로 결심한 것도
여성들을 가르치기 위해서였으니까.
영어를 잘 한다는 건 나의 큰 장점이었어.
황실에서도 자주 찾는 통역사가 되었지.
나는 황실에 갈 때마다 여성 교육을 강조했고,
덕분에 여학교 두 곳이 세워졌단다.
나는 가난하다고, 혹은 결혼했다는 이유로
교육을 받지 못하는 여성들을 위해 앞장섰어.

당시에 고종 황제는 일본의 침략을 막기 위해
여러모로 애를 쓰고 있었어.
만국 평화 회의가 열리는 헤이그에 특사를 파견하기도 했지.
하지만 일본은 이를 빌미로 고종 황제를 더욱 옥죄었어.
황제의 신하들은 이미 다 친일파로 채워져 있었지.

결국 우리는 1910년, 일본에 나라를 빼앗기고 말았단다.

고종 황제 조선의 제26대 왕이자, 대한 제국의 제1대 황제예요. 일본의 침략에 맞서다가 강제로 황제의 자리에서 물러났어요.

헤이그 특사 사건 1907년 고종이 네덜란드 헤이그에서 열린 만국 평화 회의에 특사를 보내 일본의 불법적인 침략을 알리려 한 사건이에요.

여성 교육은 필요 없다고?

하루하루가 암울하던 어느 날,
우리나라를 대표하는 교육자라는 사람이
여성 교육을 비판하는 글을 잡지에 실었어.

"여성 교육은 요리, 살림에 서툴고
시어머니에게 반항이나 하는 여성을 만들어 낸다."

글을 읽는 순간 가슴이 두근거리고 온몸이 떨렸어.
아직도 여성이 제대로 인정받지 못하는
우리나라 현실이 답답했어. 가만히 있을 수 없었어.

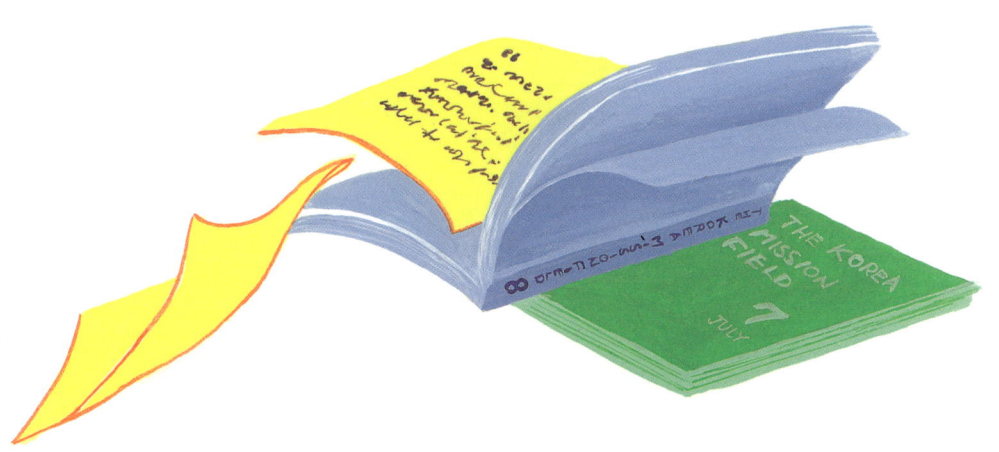

나는 바로 다음 달 잡지에다 반박 글을 실었지.

"미국이나 유럽에서는 정규 고등학교 졸업생이
그저 요리나 바느질이나 하는 법을 배우기를
바라지 않습니다. 학교의 목적과 방향은
요리사나 간호사, 바느질을 하는 사람을
배출하는 것이 아닙니다."

나는 다짐하고 또 다짐했어.
우리나라 여성을 위해 내 일생을 바치겠다고.

유관순의 스승이 되어

학교에서 나는 호랑이 선생님이라고 불렸어.
뭐든 원칙을 중요하게 여겼기 때문에
학생들을 봐주는 일이 없었거든.
대신 언제나 학생들의 든든한 버팀목이 되고 싶었지.
나는 몇몇 학생을 모아 작은 문학 모임을 만들었어.
나라를 위해 싸운 위인들의 이야기를 함께 읽고,
다른 나라의 독립운동 소식을 들려주었어.
이 학생들이 앞으로 시작될
독립운동의 씨앗이 되기를 바랐지.
그때 유난히 내 눈에 들어오는 학생이 있었단다.
바로 유관순이야. 언제나 앞장서서 친구들을 돕고,
늘 밝고 씩씩하게 웃는 학생이었지.
**"관순아, 지금 우리나라는 꺼진 등불과 같단다.
더 열심히 배워서, 함께 등불을 켜자꾸나."**
관순이는 내 말을 가슴 깊이 새기는 듯했어.

전 세계에 독립의 의지를 알리자

1919년, 세계는 크게 꿈틀대고 있었어.
제1차 세계 대전이 막 끝나고,
전쟁에서 이긴 나라들이 파리에 모여 회의를 열고 있었지.
고종 황제는 이때를 기회로 여겼어.
비밀리에 우리나라 대표를 회의에 참석시켜
나라의 독립을 주장하려는 계획을 세운 거야.
"자네가 우리나라의 대표로 파리로 가게.
의친왕과 함께 가서, 일본이 거짓 조약으로
우리 땅을 침탈했음을 꼭 알려 주게."
나는 기꺼이 고종 황제의 밀서를 받았어.
목숨을 걸어야 하는 위험한 일이었지.
하지만 이를 눈치챈 일본은 고종과 의친왕을
한시도 놓치지 않고 감시했단다.
일본의 감시망을 피해 새로운 계획을 세워야 했어.

제1차 세계 대전 1914년부터 4년간 계속되었던 세계 전쟁이에요.
파리 강화 회의 제1차 세계 대전이 끝난 뒤, 전쟁에서 승리한 국가의 대표들이 프랑스 파리에서 개최한 회의예요.
의친왕 고종의 다섯 번째 아들로, 독립운동에 몸을 담았어요.
밀서 비밀리에 보내는 문서나 편지예요.

베이징으로 향하는 기차를 타고

나는 중국에서 활동하고 있는
독립운동가들과 비밀리에 약속을 잡았어.
파리로 가기 위한 방법을 찾아야 했거든.

고종 황제의 밀서를 품고
여러 차례 차를 바꿔 타며 미행을 따돌렸어.
그리고 마침내 베이징으로 향하는 기차에 올랐지.
베이징을 거쳐 파리로 갈 거야.

베이징 중국 북부에 있는 큰 도시로 오늘날 중국의 수도예요.
경성 일제 강점기에 서울을 부르던 이름이에요.

빠아아앙
기차가 경성을 벗어났어.
아, 이제야 한시름 놓이는구나.

무사히 베이징에 도착해서
반가운 얼굴들을 만났단다.
지금은 1919년 3월이야.
조선 땅에서 일어난 만세 운동은 잘되고 있을까?
관순이와 친구들이 붙잡혔으면 어떻게 하지?
수많은 생각이 머리를 어지럽히는구나.
이제는 정말 자야겠다.
내일부터 새로운 일들이 시작될 테니까.

베이징에 도착한 다음 날,
김란사 선생님은 영원히 깨어나지 못했어요.
시신을 확인한 미국인 선교사 베커는
시신이 검게 변해 있었다고 증언했답니다.

미국 유학 시절에 찍은 사진이야.
새로운 문화를 받아들이고 적응하는 일은 쉽지 않았어. 하지만 나에게 온 기회를 포기할 수 없었단다.
내가 세상에 눈을 떠야 대한의 독립을 앞당길 수 있을 거라고 믿었거든.

김란사 선생님의 죽음에 대해서는 아직까지 원인이 정확하게 밝혀지지 않았어요. 다만 선생님의 시신이 검게 변해 있었다는 점에 비추어 일본 스파이에 의한 독살이 아닌가 추측할 뿐이에요. 고종 황제가 파리 강화 회의에 대표를 보내려고 하자, 자신들의 침략상이 국제 사회에서 비난받을 것을 두려워한 일본이 벌인 짓이 아닐까 하고 의심해 볼 수 있지요.

선생님은 가장 앞장서서 우리나라 여성 교육을 이끌어 온 분이에요. 일본 유학 시절에 찍은 사진을 보면 까만 교복을 입고 늘어선 남학생들 사이에서, 하얀색 한복을 입고 보란 듯이 당당하게 서 있는 선생님의 모습을 찾을 수 있어요. 언제 어디서나 어깨를 딱 펴고, 당당하고 열정적인 자세로 여성의 권리를 주장했던 선생님! 선생님이 여성 교육에 뿌린 씨앗은, 이후 많은 여성 독립운동 지도자를 배출하는 밑거름이 되었답니다.

민족의 실력을 키우자! 애국 계몽 운동

일본의 침략에 맞서 의병 운동이 일어나고 있을 때, 한편에서는 민족의 실력을 길러야 한다는 사람들이 있었어요. 이들의 활동을 애국 계몽 운동이라고 한답니다.

아는 것이 힘, 학교를 세우자!

애국 계몽 운동가들은 우리가 강해져야 일본을 이길 수 있고, 강해지려면 실력을 길러야 한다고 생각했어요. 그러려면 학교를 세워 아이들을 가르치고, 신문이나 잡지 등을 발간해 사람들을 계몽해야 한다고 생각했지요. 안창호 선생님이 세운 대성 학교, 이승훈 선생님이 세운 오산 학교 등이 유명해요.

빚을 갚자! 국채 보상 운동

국채 보상 운동은 우리나라가 일본에 진 빚을 갚자는 운동이었어요. 우리나라는 일본에 1,300만 원의 빚이 있었는데, 조선 사람 2천만 명이 20전씩 석 달 동안 돈을 모아 빚을 갚자고 주장했지요. 많은 국민이 참여했지만, 일본은 운동에 앞장선 사람들을 체포하고 말았어요.

우리말, 우리 역사를 지키자!

일본은 우리말을 없애고, 우리의 역사의식을 약화시키려 했어요. 이에 우리의 말과 글, 역사를 지키기 위한 노력이 이어졌지요. 한글학자 주시경은 우리말 문법을 정리하며 우리말 연구에 힘을 쏟았어요. 신채호, 박은식 등은 우리의 역사를 정리했지요. 모두 우리 민족이 스스로에 대해 자부심을 갖는 데 보탬이 되었답니다.

세 번째 이야기

여성 독립운동의 어머니
김마리아
(1892~1944)

김마리아 선생님은 천리향을 닮았어요.
천리향은 그윽한 꽃향기가
천 리 너머까지 퍼져 나가는 꽃이랍니다.
고문으로 망가진 몸을 이끌고
중국으로, 미국으로 향했던 김마리아 선생님.
그곳에서 피운 독립의 향기는
얼어붙은 한반도까지 풍겨 왔지요.
선생님은 좋은 신랑감이 나타나도
"**나는 대한의 독립과 결혼했다.**"라며 거절하셨대요.
김마리아 선생님이 여성 독립운동을
이끌어 간 이야기를 들어 볼까요?

기모노를 입고 조국으로

지금은 1919년 봄, 내 나이 벌써 스물여덟이네.
오늘 나는 처음으로 기모노를 입었어.
일본에서 공부하는 내내 하얀 저고리만 입었는데
기모노를 입고 조국으로 돌아가게 될 줄이야….
어때, 이렇게 입으니 정말 일본 여인 같지?
나는 지금 아주 중요한 임무를 수행 중이야.
내 허리띠 속에 2·8 독립 선언서를 숨겼거든.
며칠 전, 일본 유학생들이 소리 높여 낭독한 글이야.
일본 경찰에게 들키지 않고
무사히 독립 선언서를 조국 땅에 전달해야 해.
하루라도 빨리 일본에서 있었던 일을 알려 주고 싶구나.
**심장이 마구 뛰어. 하지만 두려워서가 아니야.
이제야말로 독립을 이룰 수 있다는 희망 때문이지.**

2·8 독립 선언 1919년 2월 8일, 일본에 유학 중이던 조선 학생들이 독립을 요구하는 선언서와 결의문을 선포한 사건이에요.

하얀 저고리 입고 만세, 만세!

"정말입니까? 언제요, 어디서요?"
며칠 전, 독립운동가 한 분이 기쁜 소식을 전해 주셨어.
조선에서도 곧 만세 운동이 일어날 거래!
내가 품고 온 독립 선언서가 조금이나마 힘을 보탠 거야.
나는 더 열심히 방방곡곡을 뛰어다녔어.
부산에서부터 대구, 대전, 경성, 황해도까지.
함께 독립을 외칠 사람들이 있는 곳이라면 어디든지 말이야.
**"여성 동지 여러분, 우리는 스스로 일어서야 합니다.
여자들도 배우고 싸워야 합니다!"**

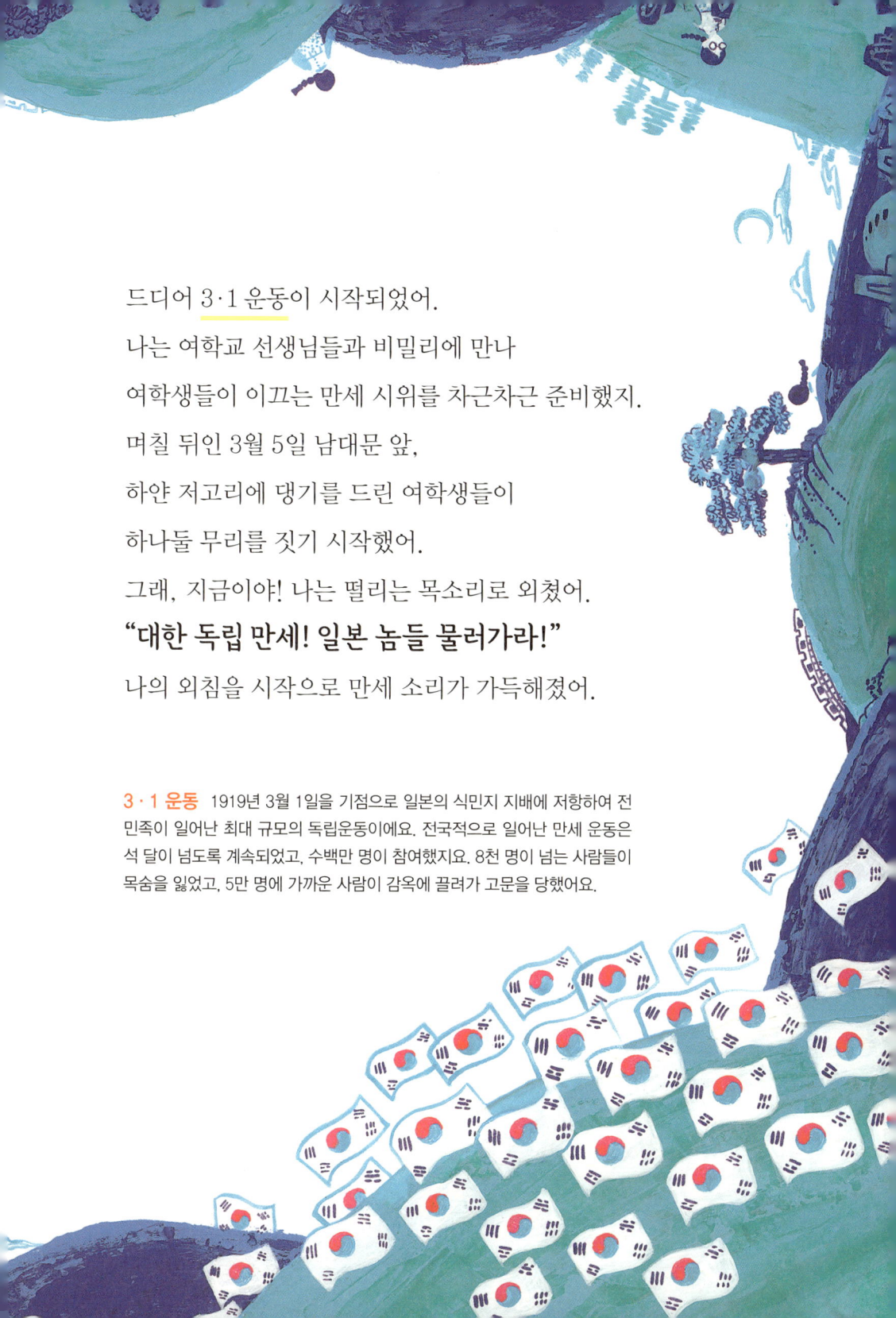

드디어 3·1 운동이 시작되었어.
나는 여학교 선생님들과 비밀리에 만나
여학생들이 이끄는 만세 시위를 차근차근 준비했지.
며칠 뒤인 3월 5일 남대문 앞,
하얀 저고리에 댕기를 드린 여학생들이
하나둘 무리를 짓기 시작했어.
그래, 지금이야! 나는 떨리는 목소리로 외쳤어.
"대한 독립 만세! 일본 놈들 물러가라!"
나의 외침을 시작으로 만세 소리가 가득해졌어.

3·1 운동 1919년 3월 1일을 기점으로 일본의 식민지 지배에 저항하여 전 민족이 일어난 최대 규모의 독립운동이에요. 전국적으로 일어난 만세 운동은 석 달이 넘도록 계속되었고, 수백만 명이 참여했지요. 8천 명이 넘는 사람들이 목숨을 잃었고, 5만 명에 가까운 사람이 감옥에 끌려가 고문을 당했어요.

서대문 형무소 5호에서

며칠째 대나무로 머리를 맞았어.
머리 속이 터진 걸까….
콧구멍으로 귓구멍으로 고름이 쏟아져 나와.
만세를 외치다 감옥으로 끌려온 지 몇 달이 지났어.
내 몸은 망가질 대로 망가졌어.
하지만 걱정하지 마. 내 정신만은 말짱하니까.
오늘은 쓰러져 있는 나에게
일본 재판관이 뭐라고 했는지 아니?
"쯧쯧, 나가서 현모양처나 돼라!"
그 말을 듣는 순간, 온몸에 다시 힘이 솟았어.
내가 생각하는 현모양처는
일본 놈들과 맞서 싸우는 멋진 여자거든.

현모양처 어진 어머니인 동시에 착한 아내라는 뜻으로. 여성의 활동 영역을 가정 안으로만 제한하고 있어요.

조선의 여성들이여, 하나로 뭉치자!

나는 꼬박 다섯 달을 갇혀 있었어. 하지만 쉴 수는 없어.
나를 애타게 기다리는 사람이 많았거든.
나는 출옥하자마자 대한 애국 부인회를 이끌게 되었어.
일본 놈들과 맞서 싸울 조직이지.
마치 기다렸다는 듯, 수많은 여성 동지가 생겨났어.
머리 속에 박힌 고름이 채 마르지 않았지만,
나는 아픈 줄도 몰랐어. 오히려 매일매일 힘이 났지.

낮에는 학교 선생님으로 학생들을 가르치고,
밤에는 독립운동가가 되어 동지들을 만났어.
"선생님, 만주에 있는 여성 동지들도 함께하겠대요!"
함께하는 사람이 늘어날수록
나와 동지들은 독립의 꿈에 한 발짝 다가선다고 느꼈어.
6,000원을 모아 <u>대한민국 임시 정부</u>로 보내는 날,
모두 얼싸안고 얼마나 기뻐했는지 몰라.

대한 애국 부인회 1919년, 평양에서 조직된 여성 독립운동 단체예요.
대한민국 임시 정부 1919년 9월, 중국 상하이에 세워진 정부 조직이에요. 3·1 운동으로 힘을 얻은 독립운동가들은 처음에는 따로따로 임시 정부 조직을 세웠어요. 하지만 일본에 맞서 싸우려면 힘을 모아야 한다는 생각에 중국 상하이에 하나의 정부를 조직했지요.

가슴 아픈 배신, 다시 감옥으로

쾅, 쾅, 쾅!
누군가 교실 문을 다급하게 두드렸어.
"선생님, 큰일 났어요! 형사들이 들이닥쳤어요!"
느낌이 좋지 않았어. 뭔가 큰일이 터진 거야.
나는 그 자리에서 경찰서로 끌려가고 말았어.
세상에! 우리 동지 50명이 꽁꽁 묶여 있었어.
동지 중 한 명이 우리를 일본 경찰에 밀고했대.
가슴이 너무 아팠어. 배신자라니.

밀고 남몰래 일러바친다는 뜻이에요.

나는 캄캄한 감옥 안에서 다급하게 속삭였어.

"모두 잘 들으세요.
우리 조직은 독립운동과 전혀 상관없다고 말하세요.
여성을 교육시키는 일만 했다고 하세요.
그리고 나와 몇몇 사람이 시킨 일이라고 하세요.
몇 명이라도 풀려나야 조직을 다시 일으킬 수 있어요."

고문은 점점 심해졌어.
사람이라면 차마 하지 못할 짓이었지.
온몸이 으스러지고 뼈에 고름이 차올랐어.
몇 달이 흘렀을까.
나는 초주검이 되어서야 병원으로 옮겨졌단다.
모두 내가 죽을 거라고 생각했지.

병든 몸을 싣고 중국으로

아, 이제 어떻게 해야 할까?
일본 경찰은 하루 종일 나를 감시하고 있어.
꼼짝달싹 못한 채
죽은 듯이 누워 있는 나를 말이야.
나는 가족에게도 알리지 않고
상하이에 있는 임시 정부에 소식을 전했어.
중국으로 망명을 떠나기로 결심했지.

어느 늦은 밤,
나는 조용히 치파오를 입었어.
기모노를 입고 조선 땅에 왔던 것처럼,
이번에는 치파오를 입고 중국 여인이 된 거야.
나는 상하이로 가는 작은 배에 병든 몸을 실었지.
내 나이 서른의 일이야.

상하이 중국 남동부에 위치한 대도시예요.
망명 정치적인 이유로 자기 나라에서 박해를 받는 사람이 이를 피하기 위해 외국으로 몸을 옮기는 일이에요.

나는 대한의 독립과 결혼했거든

상하이에 도착한 게 1921년 여름.
그리고 지금은 겨울이야.
이곳에 와서도 한동안은 몸을 일으킬 수 없었어.
겨우 몸을 추스르자마자 일을 시작했지.
황해도 대표로 대한민국 임시 정부에 참여했는데,
요즘으로 치면 최초의 여성 국회의원이 된 셈이야.
당시에 임시 정부는 큰 어려움을 겪고 있었어.
3·1 운동으로 독립의 열망이 타오르자
일본은 더 무자비하게 총칼을 들이밀었어.
폭력 앞에서 용기를 내는 건 쉽지 않단다.
희망은 점점 사라지고,
우리끼리 싸우는 일이 잦아졌지.

나는 아픈 몸을 이끌고 단합을 호소했어.

"조선의 동포들은 임시 정부를 믿고 있습니다.
임시 정부를 위해 돈을 모으고, 싸움을 준비하고 있습니다.
잘못된 점을 조금씩 고쳐 나가면서 힘을 모아야 합니다!"

하지만 세상이 어지러운 만큼 저마다 생각이 달랐어.
누구는 우리도 군대를 키워 전쟁을 해야 한다고 했고,
누구는 학교를 세워 정신 무장을 해야 한다고 했지.
안창호 선생님은 나를 늘 안쓰러워하셨어.
누군가 나를 돌봐야 한다며 결혼까지 주선하셨단다.
하지만 난 정중히 사양했어.
족두리는 안 썼지만
나는 이미 대한의 독립과 결혼했거든.

나는 다시 나의 길을 찾아야 했어.
중국에서의 생활을 정리하고 미국으로 건너갔지.
더 많이 배우고, 더 많이 교육하는 것이야말로
지금 내가 할 수 있는 최선이라고 생각한 거야.

안창호 독립 협회, 대한민국 임시 정부, 신민회 등에서 독립운동을 펼쳤어요.
교육을 중요한 가치로 삼았으며 두 차례 투옥 끝에 숨을 거두었어요.

신사 참배는 절대 할 수 없어

여성 독립운동 단체인 '근화회'를 조직하며
미국에서 10년을 보냈어.
그동안 몇 번이나 돌아오고 싶었지만,
보나 마나 붙잡힐 게 뻔하니 쉽사리 조선 땅을 밟을 수 없었단다.
오랜 세월이 지났건만, 일본 경찰은
내가 오자마자 눈에 불을 켜고 감시를 시작했어.
나는 다시 선생님이 되어 학생들을 가르쳤단다.

무엇보다 가슴 아픈 건
다시 돌아온 조국의 현실이었어.
일본은 점점 더 흉악하게 조선 땅을 짓밟으며
조선 사람들을 일본 왕 앞에 굴복시켰어.
신사 참배를 하지 않는 학교는 문을 닫아야 했지.
"오늘 행사는 취소하겠습니다. 모두 돌아가세요."
신사 참배를 거부하기 위해 행사를 줄줄이 취소했어.
앞날이 보이지 않는 조선의 현실처럼
나의 병도 점점 깊어 갔단다.

신사 참배 일본의 전통 신앙을 바탕으로 만든 종교 시설인 신사에 참배하는 의식이에요.

지금은 1944년, 다시 3월이야

며칠을 앓다 마지막으로 미음 한 그릇을 먹었어.
나에게 남은 것은 수저 한 벌, 저고리 하나뿐이네.
3·1 운동이 일어날 때만 해도
당장에 독립을 이룰 줄 알았는데….
여전히 일본은 우리 땅을 갉아먹고 있구나.
몸이 아프니 어머니가 생각나.
"우리 똑똑한 막내딸,
너는 꼭 외국에 유학 가서 공부해야 한다."
나에게 신신당부를 하셨는데….
아직도 내 소원은 단 하나란다.
나에게 맡겨진 의무, 바로 대한 독립이야.

미국에서 찍은 졸업 사진이야.
조선 옷, 조선 사람, 조선 음식이
사무치게 그리울 때였단다.
그래도 꽤 밝은 표정이지?
이날만큼은 조금 뿌듯했어.

　김마리아 선생님은 우리나라가 광복을 이루기 한 해 전인 1944년에 돌아가셨어요. 평생의 꿈이었던 독립을 못 보고 눈을 감으셨다니, 너무 가슴이 아프죠?
　선생님은 황해도에서 태어나셨는데, 집안 어르신 대부분이 독립운동에 몸 바친 분들이셨대요. 그래서 어려서부터 자연스럽게 독립운동에 평생을 바치리라 마음먹었어요. 선생님이 어렸을 때 돌아가신 어머니는 늘 이렇게 말씀하셨대요. "이제는 여자도 배워야 한다."
　100년 전만 해도 지금과 달라서 여자가 학교에 가는 일이 드물었거든요. 하지만 선생님은 어머니의 유언을 기억하며 평생 공부를 게을리하지 않으셨어요. 덕분에 우리나라의 여성 교육이 많이 발전할 수 있었답니다. 평생 고문 후유증으로 하루도 안 아픈 날이 없으셨던 선생님. 선생님! 이제 편히 쉬세요.

 ## 1919년, 전 세계가 독립 만세를 외치다

우리나라는 1910년, 일본의 식민지가 되었어요. 이는 우리나라만의 일이 아니었답니다. 당시 전 세계의 절반이 넘는 땅이 몇몇 강대국의 식민지였거든요. 식민지가 된 나라에서는 저마다 독립운동이 펼쳐졌어요. 그리고 그 열기는 1919년 절정에 다다랐지요.

윌슨 대통령의 민족 자결주의

민족 자결주의란 힘없는 민족도 스스로 나라를 세울 권리가 있다는 주장이에요. 1918년 제1차 세계 대전이 끝날 무렵 미국의 윌슨 대통령이 발표해 식민지 지배를 받던 많은 민족에게 희망을 주었지요. 하지만 이 주장은 유럽의 몇몇 민족에게만 적용되었고, 우리나라에는 아무런 도움이 되지 못했어요.

2·8 독립 선언

민족 자결주의는 우리나라를 비롯한 전 세계 독립운동가들에게 영향을 주었어요. 이러한 상황에서 1919년 2월 8일, 일본에서 유학을 하던 조선 학생들이 독립 선언서를 발표했지요. 젊은 학생들이 일본의 수도인 도쿄에서 독립을 외쳤다는 소식은 조선 사람들에게 큰 희망을 주었어요.

3·1 운동

조선에서도 대대적인 독립 만세 운동이 계획되었어요. 종교 지도자들을 중심으로 독립 선언서가 작성되고, 1919년 3월 1일, 탑골 공원에서 만세 운동이 시작되었지요. 이 운동은 곧 전국 곳곳으로 퍼져 나갔고, 조선 사람들에게 독립에 대한 자신감을 불어넣었어요.

대한민국 임시 정부

3·1 운동으로 힘을 얻은 독립운동가들은 일본과 맞서 나라를 되찾으려면 힘을 한군데로 끌어모을 수 있는 조직이 필요하다고 느꼈어요. 그 결과 1919년 9월, 중국 상하이에 대한민국 임시 정부가 세워졌지요. 임시 정부는 왕이나 황제가 다스리는 나라가 아니라 백성이 나라의 주인이 되는 민주주의 국가를 만들겠다는 목표를 가지고 있었어요.

네 번째 이야기

3·1 운동의 불꽃
유관순
(1902~1920)

유관순 열사 곁에 핀 꽃은 벌개미취예요.
우리나라 들판에서 흔히 볼 수 있는 토종 국화랍니다.
꽃말은 '당신을 잊지 않겠어요'예요.
유관순 열사에게 꼭 들려드리고 싶은 말이죠?
유관순은 3·1 운동 하면 떠오르는 인물이지만
평소에는 꽤나 장난꾸러기였던 것 같아요.
한밤중에 학교 담도 넘고, 계단에서 미끄럼도 타고요.
재미있고 씩씩한 언니, 누나 유관순!
그런 유관순이 마지막 남긴 유언은
"목숨이 하나라는 게 내 유일한 슬픔이다."
였답니다. 너무나 짧은 삶을 오직 민족의 독립을
위해 바친 유관순의 생애, 함께 들어 볼까요?

우리 아버지가 뭘 잘못했어!

나는 어려서부터 뜨개질을 좋아했어.
"우리 관순이는 못하는 게 없네.
책도 열심히 읽고, 뜨개질도 잘하고!"
아버지한테 칭찬을 들을 때면 어깨가 으쓱했지.
그날도 나는 툇마루에 앉아 목도리를 뜨고 있었어.
그런데 이게 무슨 일이야!
아버지가 피투성이가 되어 사립문을 여는 거야.
"아버지! 아버지!"
나는 너무 놀라서 버선발로 달려 나갔어.
아버지를 매달아 때리고 머리를 찬물에 밀어 넣은 놈들은
돈을 빌려준 일본 놈이었어.
아버지는 있는 돈 없는 돈 끌어모아 학교를 세우셨는데,
그때 돈을 빌려준 일본 놈이 이자를 몇십 배나
요구하며 아버지를 이 지경으로 만든 거야.

내가 조금만 더 자라면 놈들을 가만두지 않을 테야.

나라를 구하는 사람이 될 테다

아버지는 나라를 되찾으려면 공부를 하라고 하셨어.
우리가 똑똑해야 일본에 맞설 수 있다고 말이야.
"네, 아버지! 똑 부러지게 잘할 테니 두고 보세요!"
내 나이 열넷, 나는 서울에 있는 이화 학당에 들어갔단다.
어린 여학생들이 함께 지내며 공부하는 곳이었지.
아, 정말 즐거운 일이 많았어.
친구들하고 얼굴만 마주쳐도 웃음이 났으니까.

기숙사 사감 선생님은 김란사 선생님이었어.
우리는 '호랑이 선생님'이라고 불렀지.
미국 유학까지 다녀오신 똑똑한 분이셨는데,
청소를 대충 하거나 기도 시간에 떠들거나 하면 혼쭐이 났지.
선생님은 이문회라는 모임을 지도하셨어.
선생님과 학생들이 모여 책도 읽고 강연도 들으며
우리나라의 앞날을 토론하는 모임이었지.
"선생님, 독립을 이루려면 무엇부터 해야 할까요?
저도 뭔가 도움이 되고 싶어요."
"걱정 말거라. 아직은 약하지만, 많은 사람이 독립을 위해
저마다 노력하고 있단다. 관순이도 조금만 더
자라면 큰 힘을 보탤 수 있을 거야.
누구보다 잘해 낼걸?"
선생님 말씀을 들으니
'독립'이 꿈만은
아닌 것 같았어.

담장을 넘어 3·1 운동 하러 가자!

내가 열여섯 살이 되던 1919년,
드디어 조선 땅에도 독립의 희망이 싹트기 시작했어.
3월 1일 탑골 공원에서 만세 시위가
벌어진다는 소문이 골목 구석구석까지 퍼져 나갔지.
나는 친구들과 함께 거리로 나갈 채비를 마쳤어.
하지만 외국인 교장 선생님은 우리를 온몸으로 막으셨단다.
"애들아, 안 된다. 다치기라도 하면 어쩌려고!"
선생님의 마음은 잘 알았지만, 이대로 있을 수는 없었어.
나는 이문회 친구들과 5명의 결사대를 조직했어.
학교 담장을 넘어 만세 운동에 나섰지.
선생님들 몰래 장난삼아 넘어 다녔던 담장인데….
그날은 가슴이 터질 것처럼 뛰었단다.
우리는 남대문으로 향하는 행렬에 합류했어.
"대한 독립 만세! 대한 독립 만세!"
속으로만 삼켰던 말을 목이 터져라 외쳤지.

산꼭대기에 햇불이 오르고

만세 시위가 일어난 지 열흘이 지났어.
일본은 강제로 학교 문을 닫아 버렸지.
학생들이 계속 만세 운동을 벌일까 봐 두려웠던 거야.
나는 독립 선언서를 가슴에 품고 고향인 천안으로 향했단다.

아버지와 마을 어르신들이 교회에 모여 계셨어.
나는 품속에서 태극기와 독립 선언서를 꺼내 놓았지.
"아버지, 이게 서울에서 뿌려진 독립 선언서예요."
마을 어르신들의 눈시울이 뜨거워졌어.
"아버지, 우리 마을도 만세 운동을 벌여요!"
"관순이 말이 맞네. 모두가 나서야 할 때야!"
우리는 다가오는 장날에 만세 운동을 벌이기로 했어.
밤새 독립 선언서와 태극기를 만들었지.

장날 마을마다 장이 서는 날로, 보통 닷새나 사흘 간격으로 열렸어요.

만세 운동을 하루 앞둔 밤,
우리 마을 산꼭대기에
횃불이 피어올랐어.
'내일 만세를 부르러 갑니다.'
라는 신호였단다.
그러자 산등성이를 따라
줄줄이 횃불이 피어올랐어.

'우리도 만세를 부르러 갑니다.'

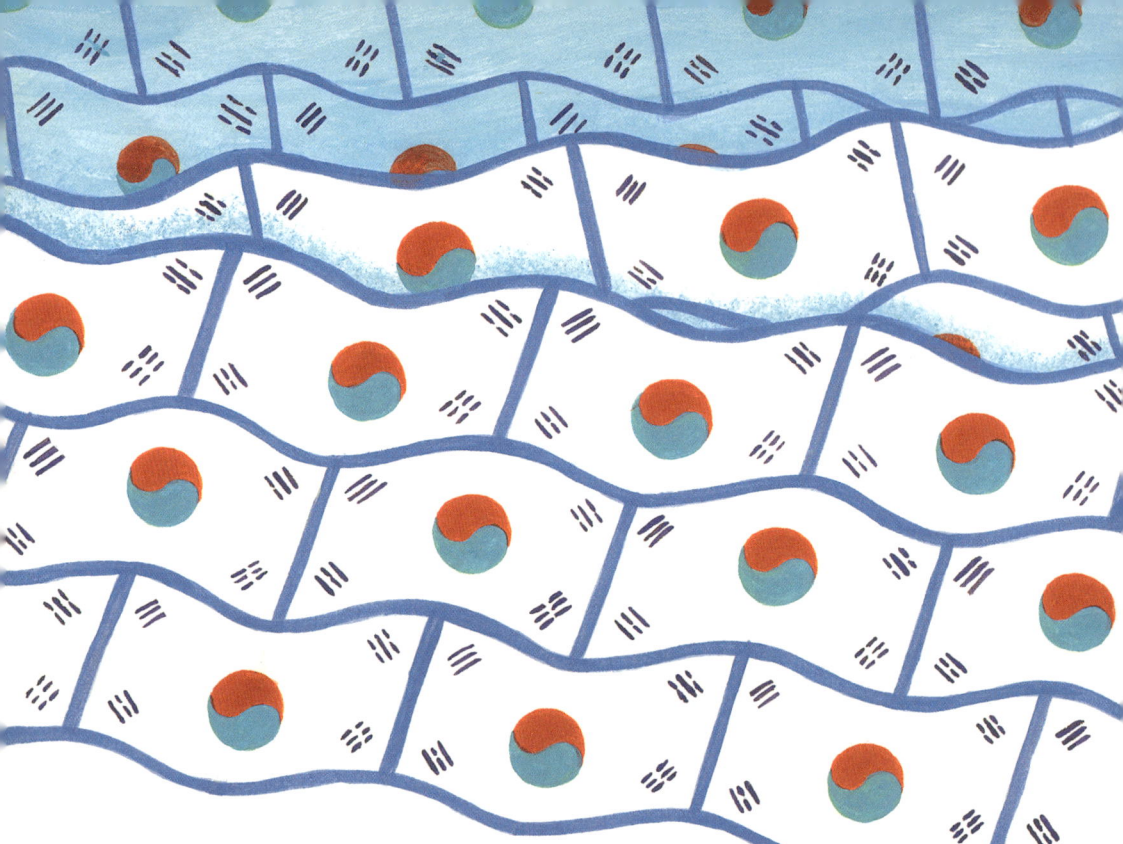

아우내 장터에서 외친 독립 만세

드디어 아침이 밝았어.

"나라 없는 백성이 어찌 백성이라 하겠습니까!
우리도 독립 만세를 불러 나라를 찾읍시다!
대한 독립 만세!"

나의 외침을 신호로 태극기를 든 사람들이 모여들었어.

수천 명이 함성을 질렀어.

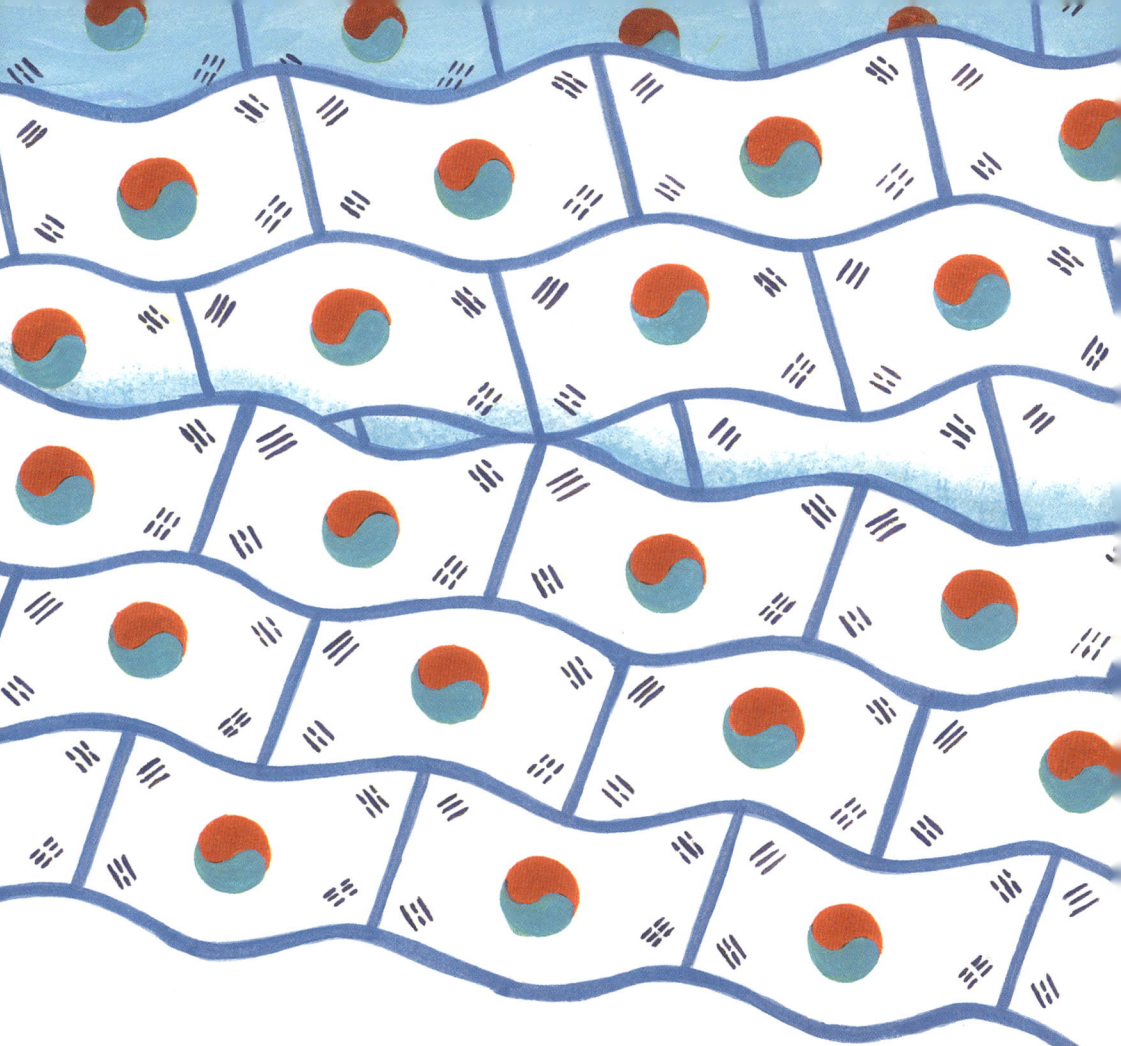

일본 헌병들은 마구잡이로 총을 쏘아 댔어.
수많은 사람이 픽픽 쓰러졌어.

그 속에는 우리 아버지와 어머니도 계셨단다.
미친 듯이 소리치던 나는 일본 경찰에게 붙잡혔어.

죄를 지은 자는 너희들이다!

감옥에 갇힌 날들은 지옥과 같았어.
'내가 만세 운동을 벌이지만 않았어도
아버지 어머니가 살아 계셨을 텐데….'
나 때문에 부모님이 돌아가셨다는 생각에
먹을 수도 잠을 잘 수도 없었어.
재판장에 끌려 나와서도
온갖 생각이 나를 괴롭혔어.
'아니야, 우리 부모님이 어떤 분들인데!
지금도 나를 지켜보고 계실걸?'
그 순간 나는 벌떡 일어나 일본인 판사에게 소리쳤어.

"죄를 지은 자는 바로 너희들이다!
나의 아버지 어머니, 그리고 우리 동포들을
수없이 죽인 자는 바로 너희들이다!
내게 죄가 있다면 내 나라 법정에서 재판을 받겠다!"

비아냥거리는 판사를 향해 나는 의자를 집어 던졌어.

1년 뒤 다시 부른 만세, 만세!

나는 서울의 서대문 형무소로 옮겨졌어.
모진 매를 맞으며 1년을 버텼지.

그리고 1920년, 다시 3월 1일이 되었어.
나는 이곳에서 할 수 있는 일을 생각해 냈단다.
감방 안에서 모두가 만세를 부르기로 한 거야.
"만세, 만세! 대한 독립 만세!"
내가 먼저 만세를 외치자
다른 감방에서도 만세 소리가 터져 나왔어.
우리의 만세 소리는 점점 커져 갔어.
형무소 안의 작은 감방을 넘어
거리 곳곳으로 울려 퍼졌지.

서대문 형무소 일제 강점기에 지어진 감옥으로 수많은 독립운동가가 투옥되었던 곳이에요. 오늘날에는 서대문 형무소 역사관으로 남아 많은 사람에게 당시의 아픈 역사를 알려 주는 장소가 되었어요.

나는 형무소에서 가장 무서운 독방으로 옮겨졌어.
감옥 안에서 독립을 외쳤으니
일본 놈들도 기가 찼겠지.

독방은 어둡고 습기가 가득 찬 곳이야.
그곳을 벗어나면 가혹한 고문이 기다리고 있었지.
가족과 친구들, 그리고 선생님들.
모진 매가 내 몸을 칠 때마다
함께 웃던 얼굴들이 떠오르네.

털실과 뜨개바늘이 있다면
따뜻한 목도리라도 떠서
아버지 어머니를 만나러 갈 텐데.

내 손톱이 빠져 나가고, 내 귀와 코가 잘리고,
내 손과 다리가 부러져도 그 고통은 이길 수 있사오나,
나라를 잃어버린 그 고통만은 견딜 수가 없습니다.
나라에 바칠 목숨이 오직 하나밖에 없는 것이
이 소녀의 유일한 슬픔입니다.

- 유관순의 유언 -

감옥에서 찍은 사진이야.
일본 놈들이 준 죄수복을 입고 있어서
조금 아쉽네. 3·1 운동은 나처럼 스스로
태극기를 든 사람들이 자발적으로 이어 간
시위였단다. 나는 그 점이 가장 뿌듯하고
자랑스러워.

　유관순 열사는 모진 고문 끝에 1920년 9월 숨을 거두었어요. 일본은 고문을 당해 죽었다는 사실이 밝혀질까 봐 처음에는 시신을 내주지도 않았답니다. 이화 학당의 외국인 선생님들이 국제 사회에 고발하겠다며 목소리를 높이자, 마지못해 시신을 내주었지요.

　유관순 열사는 3·1 운동을 대표하는 인물이에요. 3·1 운동은 민족 대표 33명이 독립 선언서를 발표하면서 시작되었답니다. 하지만 이 운동이 퍼져 나간 것은 미리 계획된 것이 아니었어요. 3월 1일, 탑골 공원에 모였던 사람들은 자발적으로 독립 선언서와 태극기를 품에 품고 고향으로 내려가 서울에서 일어난 만세 운동을 이어 나갔어요. 유관순 열사가 그랬던 것처럼요. 덕분에 시위는 전국적으로 수개월에 걸쳐 계속되었고, 그 횟수만 2천 회에 다다라요. 3·1 운동 과정에서 돌아가신 분들은 집계된 수만 해도 8천 명이 넘는답니다. 유관순 열사를 비롯한 수많은 분의 용기와 희생이 독립을 앞당겨 준 거예요.

3·1 운동과 대한민국 임시 정부

3·1 운동이 일어난 뒤, 독립운동가들은 나라 안팎의 독립운동을 하나로 묶어 줄 중심이 필요하다고 생각했어요. 그 결과 1919년 9월, 중국 상하이에 대한민국 임시 정부가 세워졌지요. 초대 대통령이었던 이승만은 비판을 받아 물러나고 김구 등이 주축을 이루었어요.

최초의 '민주 정부'를 세우다

임시 정부는 우리나라 최초로 대통령을 선출하고, 임시 정부 헌장을 마련했어요. 제1조에서 '대한민국은 국민이 주인이 되는 나라이다.'라고 밝혔지요. 이는 오늘날 대한민국 헌법의 바탕이 되었어요.

〈독립신문〉을 발간하다

임시 정부는 동포들에게 나라 안팎의 소식을 전해 주기 위해 〈독립신문〉을 발행했어요. 일주일에 3회씩 발행하여 민족의 생각과 뜻을 하나로 모으고 나라 발전에 필요한 새로운 학문과 사상을 소개하는 역할을 했어요.

김구가 이끈 '한인 애국단'

김구는 임시 정부의 주석을 지낸 지도자예요. 한인 애국단은 임시 정부에 속한 단체로 일본의 주요 인사들을 공격했지요. 일본 지도자들에게 폭탄을 던진 이봉창 의사와 윤봉길 의사는 모두 한인 애국단 소속이었어요.

'한국광복군'을 조직하다

1931년, 일본은 중국을 상대로 전쟁을 일으켰어요. 임시 정부는 중국과 함께 일본에 맞서며 독립 전쟁을 이끌었지요. 1940년에는 독립군 부대들을 아울러서 한국광복군을 만들었답니다.

다섯 번째 이야기

손가락을 자른 여성 독립군
남자현

(1872~1933)

노란 개나리의 꽃말은 '희망'이래요.
남자현 열사는 마지막 순간까지
"나는 끝까지 조선의 독립을 믿는다."라고 하셨어요.
많은 독립운동가가 희망을 버리는 순간에도,
단 한 번도 독립을 의심하지 않았답니다.
마흔이 훌쩍 넘은 나이에 만주 벌판으로 떠나
독립군의 현명한 어머니로,
총을 든 여전사로 싸움을 멈추지 않은 남자현.
영화 속 주인공처럼 파란만장했던
남자현 열사의 이야기를 들어 볼까요?

나는 손가락을 세 번 잘랐어

첫 번째는 나라를 빼앗겼음을 기억하기 위해,
두 번째는 조선 사람끼리 힘을 모으기 위해,
세 번째는 전 세계에 우리의 억울함을 알리기 위해서였지.

남편의 죽음을 가슴에 묻고

아버지는 의병이셨어.
남편도 의병이었지.

경상도 산골짜기에서 의병 부대가 일본 놈들과 싸울 때,
나는 도망자들을 숨겨 주고 부상자들을 치료했단다.
내 배 속에서 아이가 무럭무럭 자라고 있을 때,
남편은 일본군의 손에 죽임을 당했어.
그때가 1896년, 내 나이 스물다섯이었지.

'하늘이 무너진다'는 말을 들어 보았지?
그래도 배 속에 있는 아이를 생각하며 이겨 내야 했어.

길쌈으로 시어머니를 봉양하고,
갓 태어난 아기를 등에 업은 채,
일본 놈들이 설쳐 대는 꼴을 꾹 참고 보아야 했단다.

길쌈 베나 모시 등의 직물을 짜는 일을 말해요.

압록강을 건너 독립운동의 길로

우리나라를 야금야금 침략하던 일본은
어느새 우리나라를 꿀꺽 삼켜 버렸어.
나는 조선의 다른 여인들처럼
한 집안의 며느리로, 한 아이의 엄마로 20년을 살았단다.
남편과 동지들을 잃은 억울함도 꾹꾹 눌러 담았지.
그러던 어느 날, 경성에서 편지 한 통이 날아왔어.
"언니, 3월 첫째 날 큰 시위가 벌어진대요. 어쩌시겠소?"
그제야 정신이 번쩍 들었어.

나는 봇짐을 싸 들고 미련 없이 고향을 떠났어.
경성으로 올라와 3·1 운동에 몸을 던졌지.
**"대한 독립 만세!" 목이 터져라 외치면서
수십 년간 쌓아 온 울분을 토해 냈단다.**
남편이 죽던 날, 내 배 속에 있던 아들은 어엿한 청년이 되었어.
나는 그길로 아들과 함께 압록강을 건넜단다.
독립운동에 내 남은 삶을 바치기로 한 거야.

압록강 백두산에서 시작해 황해로 흘러가는 강으로, 우리나라와 중국 만주 지역의 국경을 이루어요.

만주는 너무나 춥고 배고픈 땅이었어.
그래도 나보다 먼저 고향을 떠났던 의병들이
우리를 보살펴 준 덕분에 머물 곳을 찾을 수 있었지.
나는 학교를 세워 여성들을 교육하는 일부터 시작했어.
나이 지긋한 아낙네가 두 팔을 걷고 나서자
다들 든든한 어머니가 생겼다며 좋아했단다.

내가 속한 독립군 부대는 서로 군정서라는 곳이었어.
여자들은 밥을 짓고 군자금을 모으면서
주로 남자들의 독립운동을 뒷바라지했지.
하지만 나는 성에 차지 않았어.
남자들처럼 목숨을 걸고 맨 앞에서 싸우겠다고 했지.
나부터 총칼을 들어야 독립을
앞당길 수 있다고 생각한 거야.

서로 군정서 1919년 만주에서 조직된 무장 독립운동 단체로 신흥 무관 학교 출신들이 주축을 이루었어요.

총독을 암살하라!

나에게 맡겨진 첫 번째 임무는
조선 총독부의 일본인 총독, 사이토를 암살하는 거였어.
동지들과 비밀리에 경성으로 향했지.
나는 권총 한 자루와 탄환 여덟 발을 품은 채
창덕궁으로 들어오는 사이토를 기다렸단다.
'아아, 이제야말로 원수를 갚는구나!'
삐이이익! 잡아라!
갑자기 여기저기서 호각 소리가 들려왔어.
이럴 수가. 사이토를 암살하려는 자가 또 있었어!
암살을 시도했던 청년은 붙잡히고 말았어.
나와 동지들은 일단 몸을 피했어.
총독에 대한 경호는 한층 삼엄해졌고,
우리의 계획은 실패로 돌아갔단다.
죽음을 각오하고 왔는데 이대로 물러서야 하다니.

조선 총독부 1910년부터 1945년까지 35년 동안 우리나라를 식민지로 지배하면서 수탈을 일삼은 기관이에요.
사이토 일본의 군인으로, 조선 총독부의 3대 총독이에요.

세 번째로 손가락을 자르고

1930년대에 접어들면서 일본의 야욕은 점점 커져 갔어.
중국과의 전쟁에서 승리한 일본은
독립운동가들의 활동지인 만주까지 손을 뻗쳤단다.
일본은 이곳에 만주국이라는 허수아비 나라를 세워
중국 대륙까지 집어삼킬 계획을 세웠지.
일본의 만행이 전 세계에 알려지자
국제 연맹은 만주로 조사단을 파견했어.
'그래, 이참에 조선의 독립 의지를 만천하에 알리자!'

만주국 일본이 중국의 만주를 침략해 1932년에 세운 나라예요. 이후 만주를 중심으로 활동하던 독립운동가들이 탄압을 받았답니다.

국제 연맹 제1차 세계 대전 이후에 설립된 국제 평화 기구로 오늘날 국제 연합(UN)의 시작이 되었어요.

나는 내가 할 수 있는 최선의 방법을 생각했어.
망설임 없이 넷째 손가락을 잘라
그 피로 하얀 천에 글을 썼지.

조선 사람은 독립을 원한다!

나는 잘린 손가락과 하얀 천을 보자기로 쌌어.
그러고는 인력거꾼에게 돈을 주고
조사단에게 전해 달라고 했지.
하지만 일은 쉽게 풀리지 않았어.
"저기 매달린 보자기는 뭐냐! 어서 풀어 봐!"
인력거꾼은 일본 경찰에게 붙잡히고 말았단다.
나는 피눈물을 흘리며 가슴을 쳤지.

마지막 임무를 앞두고

목숨을 바치겠노라 덤볐지만,
모든 일이 내 뜻대로 되지 않는구나.
그렇다고 이대로 주저앉을 수는 없었어.
나는 마지막 임무로
만주에 파견된 일본인 대사, 부토를 처단하기로 했지.
마침 만주국 수립 1주년 기념행사가 다가오고 있었어.
나는 거사를 앞두고 사진관에 갔어.
다시는 살아서 돌아올 수 없는 길을 떠나며
마지막으로 내 모습을 사진으로 남기고 싶었거든.
드디어 오늘이야.
나는 거지 차림으로 거리로 나섰어.
권총과 폭약을 받기로 한 장소로 향했지.
그런데 갑자기 낯선 사람들이 나를 빙 둘러쌌어.
재빨리 골목으로 달아났지만 놈들에게 가로막혔지.
나는 팔이 꺾인 채 붙잡히고 말았어.
암살 계획을 세우는 자리에 밀정이 있었던 거야.

밀정 신분을 속이고 조직에 들어가 정보를 캐내는 사람이에요.

욕되게 사느니 곡기를 끊겠다

하얼빈에서 붙잡힌 지 여섯 달이 지났구나.
일본 놈들은 하루가 멀다 하고
나를 거꾸로 매달아 매질을 하며,
인두로 내 살을 지져 댔어.
욕되게 사느니 차라리 죽는 게 낫겠다 싶었지.
**"이제부터 너희가 주는 밥은 먹지 않겠다!
내가 스스로 죽어 너희를 이기겠다!"**
나는 단식 투쟁을 시작했어.
음식을 끊은 지 열흘이 넘어
내가 산송장이 되자
놈들은 나를 풀어 주었지.

감옥에서 나온 뒤, 나는 여관방에 몸져누웠어.
아들과 동지들이 나를 찾아왔지.
반가운 얼굴을 보았으니, 그래도 여한이 없구나.

애들아, 마지막으로 하고 싶은 말이 있어.
사람이 죽고 사는 것은 먹는 데 있는 게 아니야.
정신에 있단다.
올바른 정신만 있으면 무서울 게 없지.

그리고 내가 가진 248원,
이 돈을 독립 축하금으로 써 주련?
독립운동에 쓰는 게 아니라,
독립이 이루어진 날을 축하하는 돈으로 말이야.
나는 조선의 독립을 굳게 믿고 있으니까.

남자현 열사가 남긴 독립 축하금은
광복 이듬해인 1946년, 삼일절 기념식에서
우리나라 정부에 전달되었어요.
간절한 유언이 이루어진 거예요.

그것 봐, 내가 장담했지?
조선의 독립은 반드시 이뤄질 거라고
말이야. 내가 남긴 독립 축하금이
잘 전달되었다니, 정말 기쁘구나!

　남자현 열사는 1933년, 62세의 나이로 숨을 거두셨어요. 만주 벌판에서 활약하던 독립운동가들은 어머니를 잃은 것처럼 슬퍼했답니다. 남자현 열사는 때로는 자상한 어머니로, 때로는 현명한 외교관으로, 때로는 호랑이 같은 여전사로 활약하며 독립군의 든든한 지도자로 살았으니까요. 남자현 열사는 마흔 살이 훌쩍 넘어 본격적으로 독립운동에 뛰어들었어요. 3·1 운동을 기점으로 고향을 떠나 독립을 향한 열망으로 제 몸을 불사르셨지요. 독립운동가들 사이에서 다툼이 일어났을 때, 제 손가락을 잘라 서로 간의 화합을 이끌어 냈으니, 그 기개가 정말 대단하지요?
　남자현 열사는 말씀도 참 잘하셨대요. 한번은 안창호 선생님이 중국 경찰에 붙잡혀 일본 놈들에게 넘겨질 상황에 놓이셨어요. 이때 남자현 열사가 중국 관리들에게 "명망 있는 독립운동가를 일본에 넘기는 것은 중국의 국가적인 품위를 떨어뜨리는 것"이라며 설득하셨고, 중국 경찰은 이에 설득되어 안창호 선생님을 풀어 주었답니다.

05 독립운동 키워드 | 만주 벌판에서 총칼을 들다!

3·1운동 이후 독립운동가들은 더욱 바쁘게 움직였어요. 독립을 이룰 수 있다는 희망을 품고 더 많은 사람이 독립군 부대로 모여들었지요. 만주 지역 곳곳에는 수십 개의 독립군 단체가 생겨나 일본과의 독립 전쟁을 준비했답니다.

독립군의 산실, 신흥 무관 학교

신흥 무관 학교는 독립군을 양성한 대표적인 학교예요. 졸업생들은 독립군 부대에 들어가 일본군과 싸우거나, 친일파를 처단하고 일본 경찰서를 폭파하기도 하면서 무장 독립 투쟁을 펼쳤어요.

홍범도의 대한 독립군

홍범도는 원래 백두산에서 호랑이를 잡던 포수였어요. 의병 부대를 이끌다가 만주로 건너가 대한 독립군을 만들었지요. 봉오동 전투에서 일본군을 크게 이겨 우리나라의 기세를 올렸어요.

김좌진의 북로 군정서

백두산을 중심으로 북쪽에는 북로 군정서, 서쪽에는 서로 군정서가 있었어요. 김좌진이 이끄는 북로 군정서는 무기가 많았어요. 반면 신흥 무관 학교 출신이 중심이 되어 만든 서로 군정서는 체계적인 훈련을 받은 사람이 많아 북로 군정서를 여러모로 도왔다고 해요.

가장 큰 승리, 청산리 전투

1920년, 백두산 근처 청산리에서 큰 전투가 벌어졌어요. 김좌진이 이끄는 북로 군정서와 홍범도가 이끄는 대한 독립군이 힘을 합쳐 일본군에 맞선 거예요. 독립군 부대는 일본과의 전투에서 큰 승리를 거두었는데, 이는 독립 전쟁의 역사에서 가장 큰 승리로 기억되고 있답니다.

여섯 번째 이야기

최초의 여성 비행사
권기옥
(1901~1988)

쭉쭉 뻗은 대나무 앞에 선 권기옥.
비행복을 입은 모습이 정말 멋있죠?
대나무의 꽃말은 '지조'랍니다.
자신이 세운 원칙과 신념을 끝까지 지킨다는 뜻이지요.
대나무처럼 꿋꿋하게 꿈을 지킨 권기옥은
마침내 우리나라 최초의 여성 비행사가 되었어요.
일본에 짓밟힌 조선 땅에서,
여자는 배울 기회를 얻기 힘들었던 조선 땅에서,
어느 누구도 감히 상상하지 못했던 꿈을 이룬 거예요.
"비행기를 몰고 일본으로 날아갈 테다!"
권기옥의 당찬 목소리를 들어 볼까요?

저 비행사처럼 될 거야

나는 열 살 때부터 가장 노릇을 했어.
아버지는 빚에 시달렸고, 어머니는 편찮으셨거든.
"아이고, 우리 기옥이. 불쌍해서 어쩌나!"
어른들은 어린 나이에 공장에 다니는 나를 안쓰러워하셨어.
하지만 나는 그럴수록 씩씩하게 다녔어.
혼자서 한글도 익히고, 운 좋게 학교도 다녔지.

그러던 어느 날, 나는 처음으로 비행기를 보았어.
미국 사람이 탄 비행기가
동그랗게 원을 그리며 하늘을 날더라고.
나는 한눈에 반했단다.
어떻게 해야 비행사가 되는지도 몰랐지만
반드시 '저 비행사처럼 될 거야!'라고 다짐했지.

비행기를 타고 하늘을 날면 얼마나 자유로울까!
끝없이 날아 보고 싶어.

3·1 운동, 그리고 독립투사의 꿈

나는 평양에서 태어나, 평양에서 여학교를 다녔어.
1918년, '송죽회'라는 비밀 결사대에 가입하며
독립운동을 시작했지.
1919년, 우리 학교에도 독립운동의 기운이 꿈틀댔어.
"얘들아, 3월 첫째 날에 경성에서 만세 운동이 일어난대.
우리도 이곳에서 만세 운동을 시작하자."
나와 친구들은 선생님의 말에 가슴이 쿵쿵 뛰었어.
"네, 저희도 나갈래요! 저희가 태극기를 만들게요!"
3월 1일, 우리는 평양에서 대한 독립 만세를 외쳤어.

평양 한반도의 서북부에 위치한 도시로, 오늘날 북한의 수도예요.

목이 터져라 만세를 외치며 나는 결심했단다.

독립운동에 내 한 몸을 바치기로 말이야.

비행기를 몰고 바다를 건너 일본 천황에게 달려갈 거라고 말이야.

나는 대한민국 임시 정부에서 일하는 독립운동가들을 도와

권총도 운반하고 폭탄도 만들었어.

그러다 발각되면 일본 헌병에게 잡혀가 모진 고문을 당했지.

"이 여자는 어찌나 지독한지 도무지 입을 열지 않습니다!"

일본 형사의 말은 나에게 칭찬과도 같았어.

일본 천황 일본의 왕으로, 일본인들은 천황을 살아 있는 신으로 떠받들었어요. 제2차 세계 대전이 끝나기 전까지 일본의 정치와 군사에 관한 결정권을 갖고 있었답니다.

비행사의 꿈이 시작되다

일본 형사들은 나를 끈질기게 따라붙었어.
결국 중국으로 망명을 떠날 수밖에 없었단다.
1920년, 내 나이 스무 살이 되었을 때,
나는 멸치잡이 배를 타고 망망대해를 건넜어.
상하이에 있는 임시 정부에 도착해, 나는 사람들에게 말했지.
**"저는 비행사가 되고 싶습니다.
비행기를 몰고 일본으로 날아가겠습니다."**
다행히 임시 정부에서는 내 꿈을 지지해 주었어.
일본과 전투를 벌이려면 하늘에서도 싸워야 하니까.
나는 추천서를 들고 중국 항공 학교에 입학을 요청했단다.
"비행술은 남자도 배우기 어려운 일임을 알지만,
나는 여자의 몸으로 망국의 꿈을 안고 이 자리에 왔소.
그러니 꼭 받아 주시오."
하지만 다들 입학을 거부했어. 내가 여자라는 이유로 말이야.
나는 포기하지 않고 마지막 남은 항공 학교로 향했어.
도적 떼가 들끓는 중국 대륙을 가로질러
한 달 만에 윈난 항공 학교에 도착했지.
다행히 그곳은 나의 용기에 탄복하여 입학을 허가했단다.

마침내 비행사가 되다

당시에는 남자들도 비행사가 되길 꺼렸어.
왜냐고? 비행기가 하도 허술해서 떨어지기 일쑤였거든.
비행기를 탈 때마다 목숨을 내놓는 셈이었지.
항공 학교에서는 체력도 키우고 비행기 엔진도 고쳐야 했어.
그래도 나는 정말 열심히, 신나게 비행술을 배웠단다.
훈련 비행을 한 지 아홉 시간 만에 단독 비행까지 해냈지!
2년 만에 졸업장을 따고, 자랑스러운 날개 배지를 달았어.

나는 비행사가 되어 임시 정부로 돌아왔어.
"비행기만 있으면 당장 날아가
조선 총독부를 폭파하겠습니다!"
하지만 나의 꿈은 당장 이루어질 수 없었어.
비행기를 살 돈이 없었거든.
나는 조금 더 기다리기로 했어. 우리가 힘을 키울 때까지,
조선의 비행기를 몰고 날 수 있을 때까지 말이야.

하늘에서 일본군과 싸우다

1920년대 말, 일본은 우리나라를 넘어
중국까지 침략해 들어왔어.
중국군은 일본에 맞서 공군을 창설했지.
나는 한달음에 달려가 비행사로 지원했어.
드디어 일본과 싸울 수 있는 기회가 생겼으니까!

입대한 지 얼마 되지 않아 나는
상하이 사변 전투에 참가했어.
전투기를 타고 일본군을 공격하면서
나라 잃은 울분을 토해 냈단다.
그 공으로 훈장까지 받았지.

중국군 1930년대에 접어들면서 일본은 중국을 본격적으로 침략해 전쟁을 벌였어요. 때문에 우리나라의 독립운동가들 중 일부는 중국군에 들어가 일본군과 싸우기도 했답니다.

꿈이 현실로 이루어지는 순간

그러던 어느 날, 중국 공군이 나에게 부탁을 해 왔어.
사람들 앞에서 비행술을 보여 달라는 거였어.
사람들이 비행기 타는 걸 무서워하니,
멋진 비행을 선보여 비행사의 꿈을 키워 달라는 거야.
어릴 때 미국인의 곡예비행을 보고
내가 꿈을 키웠듯이 말이야.

비행은 상하이에서 베이징까지 날아가는 노선과
동남아시아를 거쳐 일본까지 가는 두 가지 노선으로 계획됐어.
이번에야말로 내 꿈을 펼칠 기회야!
나는 아무도 모르게 비행기에 폭탄을 실었어.
드디어 비행기를 몰고 일본으로 날아가
천황이 사는 궁궐에 폭격을 할 계획을 세운 거야.

한잠도 못 잤어.
나는 비행 계획을 머리에 새기고 또 새겼단다.

마침내 독립을 이루다!

"네? 비행이 취소되었다고요?"
나는 다리에 힘이 풀려 주저앉고 말았어.
중국 대학생들의 시위가 이어져 비행이 취소된 거야.
나는 더 기다릴 수가 없었어.
전쟁광이 된 일본이 조선 땅을 쑥대밭으로 만들고 있었거든.
나는 중국 공군에서 싸우고 있는
조선인 비행사들과 함께 우리 힘으로
일본 천황의 궁궐을 폭격할 계획을 세웠단다.
한 치의 오차도 없이 항로를 짜 나갔어.

우리의 거사가 얼마 남지 않았을 때,
기쁜 소식이 들려왔어.
1945년 8월 15일,
일본이 항복했다는 소식이었지.
우리나라가 독립을 맞이하게 된 거야.

8·15 광복 일본은 우리나라뿐 아니라 아시아 여러 나라를 침략하며 전쟁을 벌였어요. 1945년 8월, 미국은 일본에 원자 폭탄을 떨어뜨려 도시 두 곳을 완전히 잿더미로 만들어 버렸답니다. 8월 15일, 마침내 일본 천황은 항복을 선언했고, 이로써 우리나라도 광복을 맞이하게 되었어요.

대한 독립 만세! 만세!
그날을 어찌 잊을 수 있을까!
비행기를 타고 마음껏 하늘을 날았던
그날, 그 자유로운 마음으로
마음껏 태극기를 휘날렸어.
애들아, 살아 있다면 꿈을 가지렴.
꿈이 없으면 죽은 거나 마찬가지니까.

권기옥 선생님은 광복 이후
우리나라 공군이 창설되는 데 큰 역할을 하셨어요.
그래서 우리 공군의 어머니로 불린답니다.

나는 미국인 비행사 스미스의
곡예비행을 보고는 한눈에 반했어.
그날부터 나의 꿈은 비행사가 되는 거였지!
지금 너희는 어떤 꿈을 꾸고 있니?
그것이 무엇이든, 네가 끝까지 달려간다면
반드시 이룰 수 있을 거야.

　권기옥 선생님은 1988년, 88세의 나이로 세상을 떠나셨어요. 광복 이후 우리나라로 돌아와 공군을 만드는 데 참여하시고, 이후 그동안의 역사를 정리하고, 재산을 털어 가난한 학생들을 돕고, 마지막 순간까지 나라를 위해 일하셨어요. 선생님은 우리나라 최초의 여자 비행사로 유명하지만, 비행이 없을 때에는 대한민국 임시 정부에서 일하며 여성 교육에도 힘을 쏟으셨답니다.

　선생님이 남긴 사진을 보면 꼭 다문 입술로 살짝 웃고 있는 사진이 많아요. 열 살 나이에 공장에서 일하며 집안을 이끌 만큼 씩씩했고, 남자들도 힘들어서 꺼려하는 비행사가 되어 배짱 두둑하게 일본군과 맞서 싸운 권기옥 선생님! 선생님의 삶은 누구나 꿈을 꿀 수 있고, 노력을 멈추지 않는다면 그 꿈을 이룰 수 있다는 희망을 일깨워 줍니다.

06 독립운동 키워드
아직 청산되지 못한 일제 강점기의 역사

1930년대 말부터 일본은 세계 여러 곳에서 중국, 미국 등을 상대로 전쟁을 벌였어요. 힘에 부치는 줄도 모르고 전쟁을 벌이다 결국 1945년에 항복을 했고, 우리나라는 독립을 맞이했지요. 일본은 무모한 전쟁에 우리나라 사람들을 끌고 가 노예처럼 부려 먹었어요. 하지만 아직까지도 제대로 된 사과를 받지 못했답니다.

강제 징용 - 탄광으로 끌려간 사람들

일본은 전쟁 물자를 만들기 위해 우리나라 사람들을 강제로 끌고 갔어요. 이를 강제 징용이라고 해요. 공장이나 탄광으로 끌고 가 혹독하게 일을 시켰지요. 전쟁 막바지에는 길을 지나는 사람까지 붙잡아 가기도 했대요.

강제 징병 - 일본의 군사가 되어라

전쟁 중인 일본에 가장 필요한 것은 군인이었어요. 일본어를 할 줄 아는 조선 학생부터 전쟁터로 끌고 갔지요. 그러다 1944년 무렵에는 징병제를 실시해 만 20세가 되는 모든 조선 남성을 일본군으로 끌고 가 총알받이로 만들려고 했어요.

근로 정신대와 일본군 위안부

일본은 여자들까지도 강제로 끌고 갔어요. 근로 정신대라는 것을 만들어 여성들을 공장에서 부려 먹었지요. 이들 중에는 나라 밖의 일본군 부대로 간 사람들도 있었는데, 이들은 일본군의 성노예가 되어 너무나 큰 상처를 입었답니다. 이제는 할머니가 된 일본군 위안부 여성들은 일본의 사과를 받기 위해 지금까지도 싸우고 있어요.

🌺 100년 전, 그들의 모습을 기억합니다

일제 강점기를 거치며 많은 사람이 우리 민족을 배신하고 일본의 편에 섰습니다. 하지만 일본의 탄압 속에서도 우리나라를 지키기 위해 독립운동을 한 사람도 많았습니다. 그중에는 독립운동의 최전선에서 용감하게 활약한 여성 독립운동가들이 있었습니다.

우리는 그동안 여성 독립운동가라고 하면 간접적인 독립운동, 즉 교육이나 군자금 마련에 도움을 준 존재로만 알고 있었습니다. 그러나 이 책을 통해 그 누구보다 용감했던 우리 여성 독립운동가들을 만날 것입니다. 의병가를 지으며 사기를 드높인 의병 대장 윤희순. 일본의 삼엄한 감시 아래 고종의 비밀문서를 품고 파리로 향하던 김란사. 일본인으로 가장해 기모노 속에 2·8 독립 선언서를 숨겨 입국한 김마리아. 서울에서 일어난 3·1 운동의 불씨를 살려 고향인 천안에서 만세 운동을 주도한 유관순. 독립의 염원을 담아 자신의 손가락을 자른 남자현. 전투기를 몰고 일본을 향해 폭격을 날리려 했던 권기옥. 일본은 조선의 수많은 여성이 독립운동에 앞장서는 것을 보고 놀랐습니다. 그들은 우리 여성들이 두려워 여성의 본분은 현모양처가 되는 것이라며 우리 국민에게 이념 교육을 시켰습니다. 여자는 남편에게 순종하고 아이를 낳아 키우며 살림을 잘해야 한다는 '현모양처'의 이념은 아직도 우리 사회에 남아 있습니다. 하지만 여성의 사회 활동이 허락되지 않았던 100년 전, 우리 여성들은 총을 들고, 폭탄을 던졌으며, 비행기를 몰아 일본에 대항하여 싸웠습니다. 올해로 3·1 운동이 일어난 지 100주년이 되었습니다. 일본으로부터 광복된 지도 74년이 되었습니다. 두 번 다시 나라를 잃는 일이 있어서는 안 될 것입니다.

박물관 학예연구사로 20여 년을 일하면서 알게 된 사실을 토대로 이 글을 썼습니다. 어려운 시절 자신을 희생하며 나라를 지킨 독립운동가들 덕분에 오늘의 우리가 있다는 사실을 기억해야 합니다. 그리고 이 책에 등장하는 인물들 이외에도 이름 없는 많은 여성 독립운동가가 있음을 기억해 주길 바랍니다. 100년 전 나라를 지키기 위해 목숨을 버리고 싸웠던 그들의 삶이 더는 옛날이야기로 남지 않기를 간절히 바랍니다.

황동진

글 황동진

서울교육박물관에서 학예연구사로 근무하며 우리나라 교육사에 대해 연구하고 있어요. 2017년 직접 기획한 '김란사 특별전'을 보고 감동하는 관람객들을 보면서 이 책을 쓰게 되었답니다. 그림책 작가로도 활동하고 있으며, 쓰고 그린 책으로 《우리는 학교에 가요》, 《문을 열어!》 등이 있어요.

그림 박미화

시각디자인을 전공하고 오랫동안 그래픽디자이너로 일했어요. 어린 시절부터 그림 그리는 것을 좋아했어요. 더 늦기 전에, 꿈을 놓치고 싶지 않아 다시 그림 그리기를 시작했습니다. 《태극기를 든 소녀》는 저에게 새로운 시작이 된 책입니다. 우리를 이 땅에 있게 해 주신 한 분 한 분에게 감사한 마음을 담아 그렸습니다.

태극기를 든 소녀 1

초판 1쇄 발행 2019년 2월 25일
초판 5쇄 발행 2023년 6월 25일

글	황동진
그림	박미화
편집	전현정·김채은 정윤경 **디자인** 상상이꽃처럼
제작	박천복 김태근 고형서 **마케팅** 윤병일 유현우 송시은 **홍보 디자인** 최진주
펴낸이	김경택
펴낸곳	(주)그레이트북스
등록	2003년 9월 19일 제313-2003-000311호
주소	서울시 구로구 디지털로31길 20 에이스테크노타워5차 12층
대표번호	(02) 6711-8673
홈페이지	www.greatbooks.co.kr

ISBN 978-89-271-9242-8 73990

※책값은 표지에 있습니다. 잘못된 책은 바꾸어 드립니다.

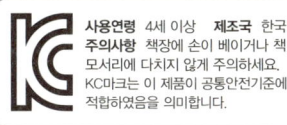